JN438346

제13회 문학세계문학상 대상 수상기념 시집

바람공쟁이

산 억 수 제1시집

도서출판 천우

산억수 詩人

일본 대판(오사카) 출생

제주 서귀포 고향

계간 『현대수필』 수필 부문 등단(2011년)

계간 『시세계』 시 부문 등단(2015년)

제13회 문학세계문학상 시 부문 대상 수상(2016년)

(사)세계문인협회 이사

(사)세계문인협회 정회원

문학세계문인회 정회원

시집 『바람공쟁이』

sanuksu@naver.com

● 시인 말

올해 초
보낼 예정이었다.
한 녀석이
폭염 열대야 지친 몸에서 안 떨어지는걸.
시오름(서귀포 서북 영실 아래 밀림산)에 하니 고개 내밀자
늦게 세상으로 보낸다.
나의 삶에 가을은 인연(因緣).
늦게 길을 찾았으니 서둘러 보내고
다시 준비해야지.
이놈들 보내는데 도움 준, 산수민 허은희 감사하고.

아 고근산 노을 둥지 틀려 한다.

2017년 초가을 바람공쟁이

산 억 수

제1부

시(詩)

제2부

굴뚝네 산막

제3부

독립운동 죄

제4부

나처럼

제5부

눈 내리는 날

나의 문학관

제1부

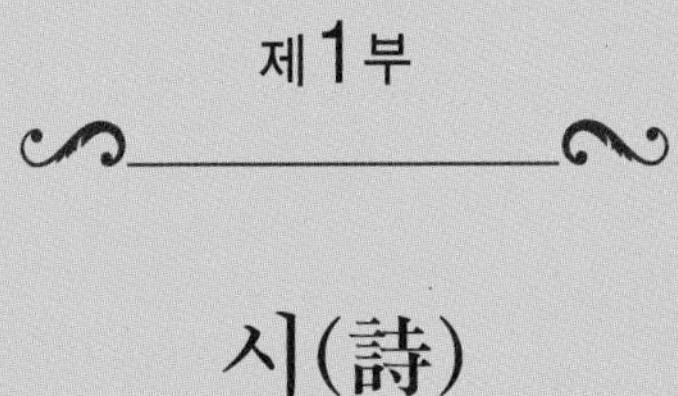

시(詩)

시(詩)

양돈장

시

말 말라

20151024 한낮

특명 제대 기다리는 졸때기
노을색 바래가고
아
아닌가

시
미쳐 볼 만했고

놈님 오기 전
등단이어야

명작 보내면
졸작 되어
사라지는 허망함

가버리는 2015 가을
피가 다 빠져나간
20151024 한낮

폰 열자
당선 축하합니다

오일장 똥강생이
영구차에 던져지는가
절망

시인 산억수

시집서정(詩集抒情)

할아버지 운다
고

달려 나온 며느리

무안함에 덮는

시집

시집(詩集)

71
사들인 시집 83권(선물 6)

아직
다
읽지 못해

새벽 일어나
읽는다

시(詩) 정말

아 시 좋다
라는 말

술 사 줄 때보다
좋다

정말
그 말
정말이면

정말
행복하다

시(詩)말이 오면

예기치 못할
때
왔다

그 분 메시지

시말은
시말들을
깨우더니

한 편
시를
마무리하고

웃는다

시상(詩想)

엊저녁 먹다 남은
어찌어찌 죽에
약간 유효 지난
빵 부스러기 던지고
끓여

식는 동안

슬쩍 지나는
시 두 편이나
잡았으니

죽 끝
나 개발한

식은 죽을 먹어야지

꽝털보 선생

소설 습작하는 선생
꽝털보

자비 출판하지만

제자들 중
자리 잡은 친구들 많아
열 권씩만 맡기어도
3천 권은 팔 수 있단다

고등학교 교편 시절
지사 아들 급장 되자
치명적 약점 터뜨린다
고

샀다고
자랑하던 생각나
최신형 텔레비전

차버리고 소설(小說)

시나리오 타고 신춘 기웃대 보고
소설 미련에
71년 마음고생
목 걸었다

무식
나
문학상 소설
구역질 나고

임자 없는 명문장 주우려
지난해 시인 김광열
시 이야기
서정시 알고

탐라목
시와 만남에서
시인 나기철

시란 난삽 난해 불온……
내가 시를 쓴다면 당신네 집
개가 되리라

했었는데

10강 중 3강
시
나 데리고
우주열차 K K K 탔다

반달 걸터앉자
은하에서 쪽배 타고
카시오페이아까지 걸어
조금 떨어진
북극성에 뛰어 올랐다

미련 없이
차
버렸다

소설

섬사람들

B K S 홀
앉을 자리
없다.

방송에 자주 뵈는
시인
봄에 제일 먼저 피는 꽃은

……

붉은 송이가 툭 떨어지는 꽃

……

말을 하셔 말을

……

아 이런 사람들
빠안히 쳐다보기만 하니
질려서 말을 못 하겠소

……

4·3 넘어 온 사람들
BKS 홀
앉을 자리 없다

인연(因緣)

살만큼 살아온 세월
나에게 인연 있었나

없다

아니 있다

계간 시세계 월간 문학세계
인연
나
이 땅에 온 이유
이 만남으로 이루어졌다면
지나침일까

훗날
가난한 독자
나
시(詩)
기억해 준다면
내 영혼 빙그레 웃으리

끼니

아침
죽 한 그릇

탐라목
시 감상하고

도가니탕(6천)
점심하니

만찬이다

서정시인(抒情詩人)

서정시인

숫처녀총각

들

청산(靑山)*

호— 호호호———

청산
지고 온
휘파람새

내 님
젊음도
가지고 오지

아
잊었다고
무심 무심함이여

내년엘랑
청산 반 젊음 반
한 짐
지고 오려마

호— 호호호———
호— 호호호———

* 신인문학상 당선작

미등기(未登記)*

호— 호호호호호———
호— 호호호호호———

서귀포 백록담
틈새
살오름

그 곳
오소리 노루 휘파람새
살았다

붉은 괴물들
개발개발개발개발개발———
산 헐고
암벽 부숴 뒤엎으니

수십 층 아파트 단지
백마고지 꽂혔던
중공기는 신났다

가네들
대대손손

살아온 터전도
등기하지 않는다

다
어디들 가고
바람 불면
가네들 귀울음 소리

호— 호호호호호———
호— 호호호호호———

* 신인문학상 당선작

소년과 엄마*

히말라야

힘에 부친 늙은 엄마를
13살 짐꾼 소년은
부끄럽다

일행들 미안함에
저만치서 쉬다
그런 엄마를 보며
숨어서 울고

말없이 앞서 걷는다

시장에도 들러
당신 옷도 들었다 놓았다 들었다
좋아하는 아들 옷만 사 들고

장꾼들 속으로 진다

* 신인문학상 당선작

| 계간 『시세계』 신인문학상(2015년 겨울호) 심사평 |

소시민적 심경 다양한 빛깔로 정갈하게 표출

심사위원 : 이수화 채수영 장윤우 김천우

산억수 님의 「청산(靑山)」, 「미등기(未登記)」, 「소년과 엄마」를 당선작으로 선정했다.

투고된 작품은 다양한 사고와 투명한 시선으로 빚어낸 일상의 산물 그 자체였다. 매일 같은 틀의 삶 속에서 살아가다 보면 누구나 지치고 괴로우며 고달플 수 있다. 이러한 소시민적 일상을 다양한 빛깔로 정갈하게 표출해내고 있는 점을 높이 사, 패기에 찬 신인 한 명을 세상에 내놓는다.

「청산(靑山)」은 초월적 기표인 휘파람새를 통해 풀과 나무가 무성한 청산과 젊음에 대한 공감대를 확산시키고 있었다. 「미등기(未登記)」는 대자연을 경외(敬畏)하는 정체성을 바탕으로 한 가운데, 문명의 의기를 정면으로 비판하는 일종의 경고 메시지를 보내고 있는 한마디로 톡톡 튀는 작품이었다. 「소년과 엄마」는 히말라야의 이국적 배경 속에서, 힘에 부친 엄마를 부끄러워하는 아들의 심경을 그린 작품이었다.

시인은 변신의 천재다. 매일매일 스스로 변화하려는 자세를 추구할 때, 비로소 대작가의 반열에 오를

수 있다. 변화와 변신을 콘셉트로 삼는 멋진 시인으로 정진해 주길 바란다.

| 계간 『시세계』 신인문학상(2015년 겨울호) 당선소감 |

명작을 건지도록 끊임없이 세상과 대화할 터

올해 초부터 2015년 가을 간절했다.

제대특명을 기다리는 졸병 심정이 이보다 더할까. 가을도 다 익었고 이젠 포기하는가 할 때 당선소식이 왔다. 2015년 10월 24일 한낮.

일생을 걸었던 소설 미련 없이 차고 시를 품을 때의 환희. 명작만 쓰고 세상으로 보냈지만 졸작 되어 사라질 때의 허망함. 아닌가, 안개 속을 헤맬 때 나의 손을 잡아준 계간 『시세계』와 심사위원님들, 무슨 말을 더 할까. 명작을 쓰고 보내면 명작으로 남는 그런 작품이길.

제주섬 탐라도서관 시 강좌가 있다 하여 좋은 문장이나 하나 건질까 했는데 10강 중 3강 때 시가 나를 데리고 우주로 떠났다. 그날 있게 해준 시인 나기철님, 또한 만물을 창조한 신에게도 감사하지 않는다면 삐질라.

인덕(人德)

선배 시인과 저녁
한 번
하고 싶어

서너 번째
통화에도

시간 없단다

이정표 없어
가시자왈 헤매다
시(詩)동네 찾아왔건만

낯선 시인들뿐
쳐다 볼 줄도 모르고

하뉘만 하얗게 센
머릿결 잡고

장난질 친다

나도 놀랐다

내가 이리 시(詩) 좋아하는 줄
나도 놀랐다

시 쓰는 것 이리 즐거울 줄
나도 놀랐다

아 이리 좋은 시를 쓸 줄
나도 놀랐다

서리태 밭 꿩 쫓던 허수아비
쫄작 것도 시냐

다시
나도 놀랐다

시(詩)란

시란

행 · 연 간 묻어 논
아우성

시란

마지막 말 묻어 논
가슴팍

시란

사랑하는 소녀 묻어 논
내 마음

시란

……

제2부

굴뚝네 산막

바람공쟁이*

바람 불면
나
온 줄 알라

오늘도
새끼들 보고파
바람공쟁이 왔다

고근산 검붉게 익혔는데도

아들놈은
들어오지 않았고
손주들 안팎 바쁘바빠

며늘아
두 개 눈망울만
올레목
뒹구는데

시아비 들어와도
눈 맞출 줄
모른다

| 월평(월간 『문학세계』 2017년 4월호) |

호불호 착종(錯綜)의 텍스트

이수화
(국제펜클럽 고문 · 한국문학비평가협회 명예회장)

근대 어투로 꽃피는 춘삼월이다. 이런 철에는 시보다 꽃 피는 게 더 볼썽스럽다. 천사의 가슴보다 천사의 훈향이 더 볼썽스러운 계절이다. 그러나 천사의 향기가 볼썽스럽단 렌더(Render)는 시적이다. 우리는 시적 표현을 기대한다. 백화난만인들 그것이 조화(造花)여서야 대여가 아니고는 호감사(好感事)일 리도 없겠다. 이런 생각으로 3월호 백화난만의 월간 『문학세계』 지면을 규시해 본다.

74쪽에 이르니(책 펼쳐 읽은 순서) 〈책 속의 소시집〉 산억수의 「바람공쟁이」가 보인다.

–중략–

둘째 스탠자에 분명히 손주들 보고파 바람공쟁이에 왔다는 건데 아들조차 아직 귀가하지 않았고, 며늘아기 눈망울만 올레목에 뒹굴 뿐 시아비를 반길 줄 모른다는……

가슴이 서늘하게 아프다.

며늘아 하소연

아버님
그이 욕 좀 하세요

낮밤 없이
과수원도 안 가보고
집 박아저서

하려고만

니가
못 이기는 척
내 버려라

숫놈 한철이란다

아버지도오—

고망떡

덜덜
90cc 오토바이 어린 부부
친구 귤원 도와주고

길가 리어카 고망떡*
조금 전 받은 따뜻한
몇 푼

사고 다섯 개
입에 물며
하나 손에 덜고

셋 담긴
신문지 봉투
아내 준다

낚아채
먹어치우고

쳐다보던
밀가루 싫다
손에 쥔 마저
입에 넣어 주자

배불다
고개 돌리더니
볼이 터지게 씹으며

하얗게 웃는다

고근산* 노을
잠시 섰다
넘어가고

*고망떡 : 후에 국화빵으로 디자인 됨.
*고근산 : 본 서귀포 서편 오름.

하 시인 아내

하 시인
아내가 알바(청소)로
자비 출판

시인
아내 얼굴 마주
보지 못하고

하 시인 아내

잉크향기 싼
시집 부쳐 왔다
쪼코 한 곽 얹히고

졸작
하며 버릴까 봐

굴뚝네 산막

돈 벌러
떠난 지
수 년

자식 찾아
지구
도시로 왔건만

인충(人蟲)들
개발 폭력 전쟁 섹스
머물 곳 없어

지난여름
새끼들 키우고
비운

하늬 터진
정월 대보름 매화 속
굴뚝네 산막

늙은 별똥 들었소

고근산 노을

고풍애* 동산
큰형 소유되고

뭘 먹고 살 거냐
ㅈ과 불밖에 없는 놈

아빠 그거면 됐지

소녀
부모 손 끌려 이민갈 때
속삭인

내년 고근산 노을같이 온다고

내년 다음다음 해
51년째
노을 와도

소녀는

* 고풍애 : 서귀포 동홍동
작은 동산.

산억수

능력 없고 못난 것 바닥 깔고

춥고 배고프게 살았다
굶어도 구걸하지 않았다
애정 구걸하지 않았다

나 위해 눈물 흘렸다면
나 인생 건다

이 지구에 사는 동안
한
여인도 사랑하지 않았다

이루어질 수 없는 꿈
한 여인만을 사랑하고 싶다

한 여인만을 사랑하고 싶다

탄생

예정일 지나 한 주일 돼가는데도
지구 싫다
안 나간다 버틴다

자연분만이라
할아비 걱정도 무심코
성탄 딱 1월 남기고

가을 끝자락 잡더니
2016년 11월 25일 한낮
가볍게 출생 아니

탄생

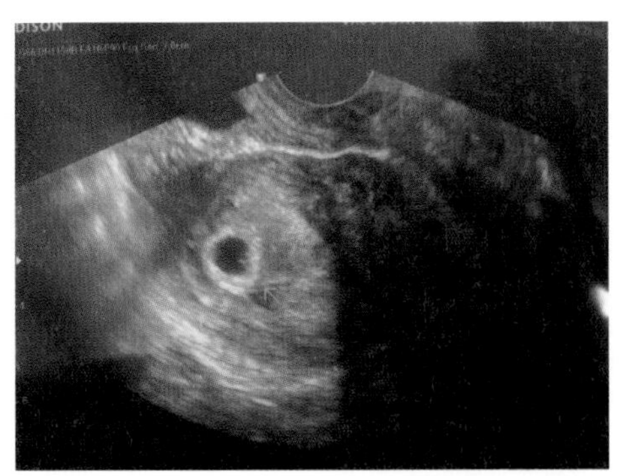

첫 설

산 율

지구 온 지
36일
첫 설

할비 할미 엄마 아빠

술 담배 모른단다

부모들 몫까지
다 달라
맹맹 말고

일생

술 담배 접근 금지
술 담배 접근 금지

할아비 산억수

첫돌

산율이

할아버지(73세)

넘어

30년만 더

지구에

살라

서귀포 산억수네 둥지

새끼들아

춥고 배곯거든
오라

서귀포 산억수네 둥지

세상이 너를 버리거든
오라

서귀포 산억수네 둥지

불행이 너를 점령커든
오라

서귀포 산억수네 둥지

사랑하는 사람 가고
눈물도 길 막거든
오라

서귀포 산억수네 둥지

제3부

독립운동 죄

독립운동 죄

독립운동 죄

춥고 배곯다

독립운동 죄

독립운동 죄

망할 자치도

망할 자치도

금고 비어질 즈음
사냥개(국토해양233)
밥 잘 먹이고

망할 자치도

돈은 화장지
필요하면 아낌없이
하나 더 꽂고
붉은 기

망할 자치도

허리 조여 장만한
원주민 늙은 가슴짝들
사냥하고
넘긴다

망할 자치도

서귀포 목장
빌딩 숲 세워지고
24시
자국민 보호

펄럭인다
오성기

발명가들

천안함 폰 속
여인
만지다 보니

비갈비갈 영웅

간첩 못 잡아도
법정 끌려오는

비갈비갈 간첩

악법(惡法)

악법은
즉시
고치고

악법인
순간

악법은
법
아니다

노평화 상

원수
사랑했다

동지는
미워하고

훗날

제주섬
망할 자치도

망할 법
국해법233조 만들고

자국민 보호
오성기만 신나

망해가는
섬
토박이들

때까치

서귀포
쌀오름
휘파람새
역겨워 빌딩숲

떠나고

노루가
푸른푸르른에서 놀고
오소리
암벽뿌리에
가족 거느리던 날들

행복이더라

꽹과리 소리에 펄럭이는
오성기
그때마다 피 토하는
청춘들

오성기 펄럭 그 곳
늙은 농부들

감귤원이었고

망치고 돌아선
살찐 때까치
삼나무 흔들가지에 앉아
금속괴성 지른다

꾀엑꾀엑꾀엑 끽끽끽끽끽———
끽끽끽끽끽끽끽끽끽끽끽끽———

상아탑

주(酒)립대
뒤풀이
소녀 업혀 나와

화장(火葬) 굴뚝 구름 타고
가족 친지 던져주는
눈물

가슴 안고

우주
주립대로
유학을 간다

소통(疏通)

몇 년간
선 전화
침묵

g g g 서
새 선 깔았지만
불통

지나던
참새 식구들
그 줄에 앉아

우주로
ㅊㄹㅈㅎㅊㅍㄴㅅㅇㅁㅂㄷㅋㅋㅋㄱ……

다다다따따르릉 따르릉 따르릉
여보소
네네

소통이다

악귀(惡鬼) 물렀까

다카키오사마 오카모토루노미
남로당 괴수
쿠데타
유신허수아비들 대통령

악귀는 가라

까시랭이 세상
하얗게 사는 사람
간첩 만드는

악귀는 가라

조국 민주주의 위해
목숨 던지는 사람
의문사
암살
사고사

악귀 물렀까 까라 까

제4부

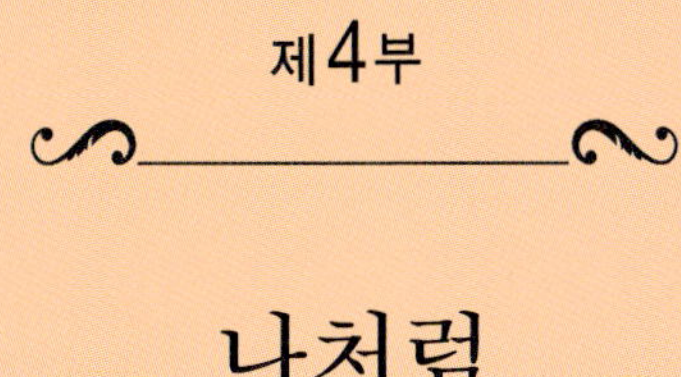

나처럼

치매(癡呆)*

종합병원 민원실
곱게 늙어가는
여인 따님

니 애비 ㅈㅈ
어머니이—
니 어미 ㅂㅈ여

나
훗날
차(茶) 들고 온 며늘아

야—
ㅂㄷㅇ 참 크다아
할까

두려워

심사위원장 : 이수화

심사위원 : 채수영 김종상 장윤우 도창회 정소성

오양호 류보상 이창희 윤제철 김천우 정유지 정선교

시 부문

대상 : 산억수 「치매(癡呆)」

심사총평

2016년 제13회째를 거듭한 〈문학세계문학상〉 응모 시편 수는 1천 편을 상회한다.

먼저 시 부문 대상 수상작으로 산억수 시인의 「치매(癡呆)」를 선정한다.

산억수 시인은 우리 시대 노년기 삶의 절박한 치매라는 질환에 대해 시의 화자를 통해 확실한 문학적 진단과 처방을 내린다. 탁월한 상상력과 미학의 감성으로 빚어놓고 있는 이 대상 수상작의 언어 암시력은 찬탄을 불금케 하는 묘미를 형상화하고 있어 심사진 전원 만장일치로 영예의 대상으로 선정한다.

치매(癡呆) 보고

치매 보고

젊은이
킥킥

어르신
머엉하니……

시인
운다

기도

나
기도하지 않는다
아니
안 하는 편

삶이 기도이기에

하나 있는
놈
40 향해 질주
몸서리

나의 신은
알아서 하시는데
마음 조아렸다

우연 우연히
지나다 들른 친구
아이들 장가는 보냅디가

아니……

상견례 날
처음 본 색시
나

축가 불렀다

놈이 보낸 문자
맘에 든 며느리
축하축하축하……

검카이옷

나루터에
별 기울면
카이옷트*

어어엉—어어엉—

상스럽다
탕 집으로
아니
꺼먹이는 거저여도

타라 용
한 달 노동으로
왔건만
품위 없어 초연다

서릿발에
고개 숙이고
집 버린 여인
폰 한 번 안 여는데

섬 사이 너댓 골

지난 나룻배
외딴섬 오두막

두고 온 임

나루터에
별 기울면
카이옷트

어어엉—어어엉—

* 카이옷트 : 사냥개 일종.

삶

차
한 잔 하고

일어서니

고근산 노을

웃는다

나 기도

주기도문으로
하루를 열고

마무리는
윤동주 님
서시로 한다

죽는 날까지 하늘을 우러러
한 점 부끄럼이 없기를,
잎새에 이는 바람에도
나는 괴로워했다.
별을 노래하는 마음으로
모든 죽어가는 것을 사랑해야지
그리고 나한테 주어진 길을
걸어가야겠다.

오늘 밤에도 별이 바람에
스치운다.

아멘

올해부터

올해부터

밥 먹고 산다

지금까진
춥고 배 고팠다

나
70

말[言語]장시

김 여사는
내 말에
재밌게 웃어놓고

말장시로구나
말장시라
하고

그녀(나 며느리)는
유머 위트 넘친다

한다

거문여 흑게

진드기 가려움
3년 간다

서귀포 앞 바닷가
효력 탁월한
거문여에
풍덩

괴석 위 흑게
풍덩팡당 물장구에
늙은 아이 보며

흰거품 파도 위로
날린다

모양새가 윗드른 데
당신
누구시오

별 뿌리다

내일(자고 나야)

서귀포
그녀 부탁으로
운전해야는데

졸음운전 걱정

나의 미카엘님
휴식년이라
소식 없고

자야 될 잠은 지도
휴식년이라고
안 오면서

새벽 2시 반
3시
4시———

마당엔
별 뿌린다

고풍애(高風愛) 동산

누룩빌레 일구다
배 고팠나
들 고구마 줘 먹는
새잡이 까까머리

3년 만에
DMZ서 와 보니
송곳가시 무장한 찔레왓
덤빌 테면 덤벼

곡괭이 삽 한 자루
년이 넘도록 싸우던 중
피곤다 번쩍
곡괭이 발가락 꿰고 암반에
파상풍 절단

그 해
나도 과수원 총각
고근산 노을 오면
가슴 깊 품었던 소녀
혼(婚)하기로

큰형
등기해야 된다기에
등기비 달라 주니
당신 이름 박다

오인수 살다
산억수

두 목숨

까다롭기 좁쌀인
나

아메리칸핏불테리어
강생이
사연 넘고 선물 왔다

일곱 중 첫 출가
배꼽 잘려 39일
어미 그리워 남매 보고파
먹이도 잠도 안 자

응껭껭 응껭응껭 응껭껭껭껭껭—
응껭껭 응껭응껭 응껭껭껭껭껭—

폭염 열대야 일거리에 눌려
무엇을 먹어도
나무토막 씹는다고

시들어 가는 늙은이 있어

흰죽이라도 쒀

간 잘 보고
두 목숨
먹여야겠다

꽃

소녀
내 뜰
꽃씨 심었다

50년 가꾸어

일생 단
한 번
꽃 피웠다

저주(咀呪)

후식(後食)

금 여사

더 해뜨리(텔)
저녁 했는데

먹을 만하더란다

만찬 후
돈짜리 먹여 준

후식

괜찮았소

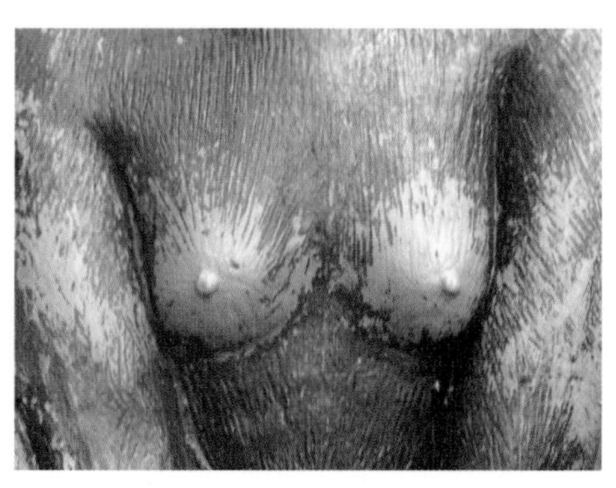

졸 운전

안식년* 맞아
카시오페아*왕비
카시오페아 118홀 러프로 소문난 골프에
미카엘
라파엘라
정력 딸려 성자된 어거스틴도 초대했다

안드로메다
타 수 주린 덴 관심 없고
미카엘 뒤만 졸졸

은하강에
쏴아—쪽쪽
일일 보고 와선

엄마, 미카엘은
찌구 별 코리아 서귀폰가
졸음운전 늙은 시인 있다고

언제나처럼
밤잠 못 자 시달리다
동트자

산으로 올라 채밀해주고
점심하고 돌아오는 길

어찌 깜빡깜빡
집에 가서 자야지
길 아래 감귤원에
조용히 안착

아름 전봇대 백미러만 부숴 먹고
각진 돌담 밀치고 들어선 것도
몰라

마크롬 바를 곳도 없다

뒷좌석
어깨를 툭 치고 나가는
미카엘님

* 안식년 : 기독교에서 7년마다 돌아오는 휴식년.
* 카시오페아 : 그리스 신화에 나오는 이디오페아 왕 케페우스의 부인. 별자리.

엄마 어슬녘

서너 번이나 얼굴 씻고

그때마다
무너질 듯 들썩이며

안쓰러움에 솔낭 뒤섰던 해가
돌아서고
푸른 멍이 안 보일 즈음
물거울에 다시 보면

성황당 나도밤나무
소쩍
기척할 때

당신 얼굴로
나 볼 부비곤
우리 막둥이
배고프겠구나

물허벅 지고

동백낭
길에 핀 핏꽃 밟힐까
느릿느릿 집으로
간다

노파 집 나간 날

들 몫 다 잡수신 큰형
나만 자식이냐
2~3일 만이라도
내몰리고

작은놈 집

나하곤 아무 관계없는데
동네 늙은이 밥 한 덩이 준다고
며느리 아니 손녀 어미
아들놈 시켜 온 눈칫밥 겨우 얻어먹고

노파
손녀 방구석
시간 죽인다

훽 들어 와
숙제하는 손녀 도리깨질에 어리벙벙
엄마 왜이래 왜이래에—엄마아—

나 가키여 나 나가마
가이 때리지 말라 가이 죽이지 마라도라게에

아이고게 아이고게에—

사지 떨려 뇌성마비 걸음
이마 부숴먹고 도망쳐 나와

손녀 어디 잘못 맞았나 걱정걱정
뒤
한번 돌아보고

저물녘
마지막
회색 길 갔다

나처럼

나 새끼들
배고픔에 울어선
안 돼

나처럼

나 새끼들
쥔 것 없어
배움 포기해선
안 돼

나처럼

나 새끼들
마음 주던 아가씨
뭣 먹고 살꺼
안 돼

나처럼

나 새끼들
가슴 깊 품었던

소녀
사랑한다
말도 못 하고
안 돼
안 돼

나처럼

엄마의 저녁

비틀거리며 들어서는
아빠
마치 좋게 마십사고

머리채 잡고
마당 돌다
패대기치는 엄마

옆집 삼촌댁
엄마 죽인다고
형아랑 삼촌 데리고 와보니

물허벅 지고 기다리다
나 데리고
성황당 고망물*
길러간다

* 고망물 : 바위틈에서
나오는 샘물.

제5부

눈 내리는 날

내 아내 부탁해

문학 소년이던
그가
할 말 있다기에

개똥문학 한다고
술 담배 벗하니
나
폐암으로 먼저 가

……

친구야
내 아내 부탁해

허엇 참
나도
얼렁얼렁 얼버무리고
있어

이 사람아

까투리

형 모시고 오실 제
맞으라고
고사리 꺾는다

때 맞춰
쫄레쫄레 따라온
먹도리*

숲에 코를 주려다
허공 향해 던지더니
깃털 두셋 날리며
겁똥 갈긴다

푸르스름
보석 열넷
품기
직전이다

밑 알 남기고
열셋
며늘아 줘야지

모자에 담으려다
불러온 배에 멈칫
잔인한 모정 같아
삐딱모자 쓴다

노을 철 오면
서리태 밭에
새끼들 데리고
얌생이질 하러 오겠지

그 때
고근산 억새왓
불타리라

* 먹도리 : 나의 호신견.

개판

개 박사
들어서며
나 개는 명견
너들 개는 똥개

개판에
개 같은 놈들 모여
개판 치니

개판
개판이다

오토

스틱
찾아다니다

오토 왔다

왼발
할 일 없다

조을고

그 짝
이것도 일이냐
ㄸ고망(구멍)

하염(하품)한다

스틱

오토 타다
오랜만에
스틱

반갑다

졸음
들어오지 못해
짜증

미안할 뿐

할 일 없다
빙그빙그 하던
왼 아이

바쁘다
바빠

개박사

한 번은 거쳐야 할
카이옷트

애견가인 줄 알고
명혈 강아지 마리노이즈
8마리 가고
카이옷 한 마리
오기로

기다려도 소식 없어

다 선물해 버렸다
빈손
나 보고 막아진 사람

자식보다 어린 개판에
개박사

민속장 순대

민속장 순댓집 빈자리 기웃대다
넷 자리에
아버지 아들만 앉은
빈 칸이 있어

하나를 시켰다

순간에 비운
아들 그릇에
내 젊음 있기에
내가 산다고
하나 더 시켜주고
아비 막걸리까지

운전한다기에
아들 컵에 안 붓자
병째 나발 분다

술은 마신 사람이
순대값 주고 돌아서는데
뒤통수로 날아오는 찌국물

꼰대가 살려면 다 사야 될 것 아냐

눈 내리는 날*

눈 날

눈이 풍펑풍펑 내리는 날
적당히 시들려 찐
고구마가 부르고
내가 몇백 덩이 먹었을까

눈이 풍펑풍펑 내리는 날
찐빵집 천정
목련꽃 피고
내가 몇백 개 먹었을까

눈이 풍펑풍펑 내리는 날
서귀포 솔동산 골목길
짜장 놀러 나오고
내가 몇십 그릇 먹었을까

하늬바람 타고 온 눈짐뱅이(진눈깨비)
눈을 못 떠도
그는 밭갈이 간다

눈이 풍펑풍펑 내리는 날

*눈 내리는 날 : 문학청년 친구 가가기(강갑길) 영전(靈前)에 바치다.

부르는 소리

절벽 정방폭포
어미 황조롱이
사냥 나선다

다급한 샛형

인수야
인수야—
희희가 죽었다

돌아서고 돌아보며
다시 봐도
티

세상 없던 인연
편안한 맘 자리 들다

울먹이며
인수야—
인수야아—

꿈

납부금 55년 전*

하늘
정문
서류검사 엄격하다는데

문학세계 나의 문학관 원고
쓰다 보니
중3 때 못 낸 납부금 있어

55년 전 일이라 계산키도 그렇고
일백만(최저임금 2017년 135만원)원 청산하고
교장실 나오니

운동장엔
가랑비 내린다

자아(自我) 찾아서*

자아 찾는 과정 문학이라고

그 잃어버린 자아 찾아서
자아 정점 섹스
섹스 정점 자아

서귀포 올레길 정방공원
따라 온 우람 꾼 마리노이즈(군견)와
하얀 진돗개

뒷다리 허공 들린 채
맞댄 궁둥이 부비며
이리저리 당김질

서방보다 낫네
각시와는 맛이 달라
독자들 박수 속

께게갱깽깽께게갱깽깽
아파
아 아뇨 좋아서요

5월호 역작

이수화
(국제펜클럽 고문 · 한국문학비평가협회 명예회장)

＊납부금 55년 전

5월 초 징검다리 연휴라지만 벌써 수년째 고온 현상으로 한여름 무더운 날씨가 선거를 앞두고(5월 9일) 사람들 마음까지 무덥게 한다. 그래도 우리 문사들에겐 하얀 잡지 페이지마다 수놓인 창작글에 스민 새로운 세계 창조에 가슴이 일렁이고 기대감에 가슴 벅차다.

5월호 월간 『문학세계』에도 활자마다 알알이 맺힌 문사들 창작 열기와 열정이 빛을 발하는데 산억수 시인의 「납부금 55년 전」이란 시가 눈길을 끈다.

이 시는 시인(산억수)이 중3 때 못 내고 55년이나 체납된 납부금을 이제야 교장 선생님께 청산(납부)한 기막힌 사연이 생동하고 있는 시다. 한마디의 과장도 레토릭(修辭學)도 삼제한 리얼리즘 시다. 납부금 체납에 따른 중3 때의 산억수 시인 슬픈 사연, 그것은 시인으로 성장할 수 있었던 시인의 감수성의 슬픈 상처였음이 분명할 터이다. 그 상처를 극복한 스승과 제자의 넉넉한 인간 승리도 그 상처 속에 고스란히 스민 5월 스승의 날 문사가 된 산억수 시인의 '인간승리' 증언

이기도 해 문학만이 줄 수 있는 인문학적 감동 요소이다. 후말연 "운동장엔/ 가랑비 내린다"는 시인(산억수)의 사고(思考)와 감정이 통합된 감수성 미학을 우리는 이 시인과 시(텍스트)의 감정으로 높이 사야 할 것이다. 그런데,

＊자아(自我) 찾아서

이 시(詩)도 앞서에 언급한 산억수의 문제작이다. 「납부금 55년 전」이 시인(산억수)의 인문 정신의 따뜻한 휴머니티에 기반한 미학(아름다움) 소산이라면 「자아(自我) 찾아서」는 그 소재상 동물의 본능적 현 상태에 초점을 맞춘 인간 자아의 정체성 비판이다. 섹스가 암암리에 우리 사회의 병리현상으로 노정되곤 하는 현시점에서 이와 같은 동물의 본능적인 양태를 문맥 속에 쌔타이어(풍자) 기법에 담은 것은 매우 효과적이다. 우리 인간의 섹스 행위에 대한 매우 귀중한 비판적이며 교육적인 취급이 용납될 수 있기 때문이다. 후말 3행의 인간과 개의 문답은 산억수 시인만의 쌔타이어 정신의 절창의 경지에 이른 표상성을 얻고 있다 하겠다. 이 시의 첫 행과 후말 3행은 이른바 수미쌍관(首尾雙關)의 의미 확장에 기여하는 표현주의 기법 소산이라 하겠다.

나의 문학관

은하강 시(詩) 쪽배 타고

은하강 시(詩) 쪽배 타고

출생

1945년 제2차 세계대전의 절정

년 초로 접어들었을 때는 도쿄를 비롯하여 대도시는 물론 소도시들까지 미군 B29가 공습할 만한 건물이 없을 정도였다. 지난해(1944년) 6월 14일 성도기지에서 늦은 저녁 첫 선을 보인 초공(超空)의 요새 B29 75대는 각 2톤의 폭탄을 싣고 규우슈우 야하따 제철소를 제 일 목표로 이륙했었다. 그 후 소이탄(燒夷彈)에 의한 불 폭탄은 일본 목재 건물에는 어찌 해 볼 수 없는 치명적이었다. 고사포와 매처럼 날렵한 가미카제의 미친 작전도 B29의 고공비행에는 당해낼 수 없었다. 자살 특공대도 사라진, 아니 다 소비해버린 일본은 정신 하나로 버티고 있었다. 낮밤 가리지 않고 파란 창공을 철새 떼처럼 떼 지어 날아와서 수백

수천 톤의 폭탄을 투하하고 핀찍핀찍 날갯짓하며 사라진다.

공습이 끝난 자리에는 멀쩡한 사람들이 누워 있지만 일어 세우려면 부삭부삭 부서져 버리고, 조금 전 숨어 들어갔었던 사람이 시체가 되고 쓰레기 태우듯 처리해야 했다. 부지런한 사이렌은 지친 국민들을 다 그치고 방공호를 왔다 가는 것이 하루 일과가 돼 버렸다. 일본 사람들은 구역별로 방공호가 있지만, 사람이 아닌 막 노동자 조센징들에게는 방공호도 없다. 어쩌다 잘못 들어갔다간 맞아 죽기 마련이고, 일본인들은 이 공습이 조센징 때문이라 화풀이한다.

제주섬 서귀포 동홍마을 굴왓에 술 잘먹는 오씨네가 살았다. 그들은 동생가족도 안팎거리 같이 사는데 부모들과도 그렇고 하여, 돈 벌어 밭을 산다고 일본으로 떠나기로 했다. 남편이란 사람은 술푸대였고 부인은 자그만 키에 순진하고 부지런한 사람이었다. 둘은 매사에 말이 어긋났지만 그때 일치한 것이 있었으니. 첫 자식은 딸이었는데 낳아 보니 잘못됐었고, 뒤로 아들 둘을 낳았다. 큰놈이 6살, 작은 것이 2살인데 인척들은 이들을 두고 갈 것으로 알았다. 글 모르고 말 모른 왜놈 나라에 가서 둘 데리고 무슨 돈을 벌겠느냐 아직 건강한 부모 손에 맡기고 가라, 말렸다. 알고 있었다. 계모 손에 자란 술푸대 아비는 두 놈 다 데리고 가기로 한다.

1936년 즈음 가난한 부부는 강생이(자식) 둘을 데

리고 일본행 연락선을 탄다. 그 나라는 무슨 공장들이 그리 많은지. (지금 생각하면, 일본은 전쟁 준비할 때 우리 조상들은 당파(黨派) 싸움이나 하고. 한심할 뿐이다.) 일자리가 넘쳐났다. 그들이 꺼리는 막일이 전부지만, 그것이 어디인가. 푼돈이지만 모이면 큰돈이 될 테니까. 돈을 버는 족족 오씨는 주(酒)님께 바쳤고, 부인은 억척스럽게 모아 고향 시아버지에게 보내기 시작했다. 친정으로 보낼까도 했었지만 차마 그럴리야.

1941년 12월 7일.

일요일 새벽 일본은 기습폭격으로 잠자는 하와이 진주만을 초토화시킨다. 그 시각 미 국무성을 수교차 방문한 일본의 두 대사는 헐 국무장관 방에 있었다. 이렇게 야비한 방법으로 미국에 막대한, 다시는 일어설 수 없으리라 했지만, 1945년으로 접어들었을 때는 일본 본토에도 B29가 술꾼 술집 드나들 듯 나들었다.

1945년 2월 11일 대판 미군이.

저녁, 공습해제 사이렌이 울리자 숨었던 조선 사람들이 하나둘 바삭 마른 숲을 헤치고 기어 나오기 시작한다. 가족들은 식구들을 확인하고 없는 형제가 있으면 나왔던 숲으로 다시 뛰어 들어가며 잘못됐을까 불러보며 울먹인다. 오씨네 가족들은 큰놈은 아비, 작은건 엄마 품에서 걸어 나오며 아비의 손을 잡는다. 화안하게 웃으며 조선사람 동네 판자촌으로 졸레졸레 앞서던 형제가 무슨 소리에 쪼르륵 바위 뒤로 가더니

큰 손짓을 하며,

"엄마아빠!"

"엄마엄마!"

숲 바위 아래 억새로 깔려 있고 거지 같은(조선사람 다 거지같이 생김) 중년 여인이 이제 죽은 듯, 그 품에는 이빨로 겨우 자른 탯줄의 아이가 울음도 다 울어버리고, 마지막 숨을 폴딱이고 있었다.

"죽어서……"

"아니우다게."

오씨는, 무슨 말을 할 듯 쳐다보는 산모의 눈을 감겨주자 부인이 아기를 품에 안는다.

부부는 아기를 안은 채 파출소로 갔다. 오늘 폭격에 죽은 사람 명단을 확인하던 나이 어린 순사는, 이런 거지 같은 놈들, 조센징 스파이 때문에 폭격당했다고 총을 들이대며 오씨를 유도 연습하듯 패대기친다. 아기 말은 꺼내보지도 못하고.

한두 달 후 아기가 물도 빠지고 목숨은 건졌다 생각될 즈음, 오씨 가족은 고향 제주로 가는 낡은 연락선에 타 있었다. 일본으로 갈 때는 네 식구였고 지금은 엄마 품에도 갓난이가 콜콜 잠들고 있다. 고향에 가면 그동안 10여 년 넘게 보낸 돈이면 밭 열도 사지만 네다섯은 샀을 것이고 그것이면 농사를 지어도 다섯 식구는 먹고 살리라. (후에 고향으로 돌아와 보니 가족들 건강했고 밭 네다섯은 고사하고 한 톨랭이도 사놓지 않았고 돈의 행방도 몰라 부모님은 무덤으로 가실 때까지 돈 얘기를 하셨다.)

가장 파도가 쌍스럽다는 제주 해협에 왔을 때 파란 하늘에 미국 폭격기가 은빛 날개를 뒤틀며 쓸고 지나더니 수직으로 치고 오른다. 선장이 모든 사람은 다 갑판으로 나오라는 말에, 배 위에는 하얀 옷을 입은 조선 사람들로 덮었다. 들리기나 하는지 사람 타는 배라고 고래고래 소리 지르며 손을 흔든다. 부인은 아기를 도닥이며 구름 사이로 터진 파란파란 하늘로 손을 부비며.

"아기 어머니, 여기 이녁 새끼 이수다. 아기 어머니, 살려 줍서 살려 줍서게— 저 비행기 불 놓지 말게 해 줍서어. 살려줍서 살려줍서게에……"

올라갔던 비행기가 꺾어 내려오더니 배 위를 한 번 돌아보고 동쪽으로 날아가 버린다. 그곳에는 이 연락선 사람들이 일본서 살다 돌아오며 전 재산을 실은 화물선이 제주로 나란히 가고 있었다. 그때 파도를 부숴대는 폭음이 들리더니 화물선이 햇덩이처럼 불에 타며 바다를 덥히고, 그 위를 파도가 덮어버린다.

추신: 부모님들 말대로 살아 계실 때 '오인수'로 살다.
돌아가신 지 20년이 넘어, 산에 억새왓에서 낳았으니 억새처럼 억세게 살자 하여, 성은 '산', 이름은 '억수'이오.
산억수.

나의 조국

나는 순수 민주주의를 추구한다.

1. 국방의 의무

1965년대 후반.

20대로 접어들었으니 군대를 가야 했다. 우선 군 생활에 쫄리지 않기 위해 몸을 만들어야 했고. 그때 운동이라면 복싱, 유도, 전국적으로도 초창기인 태권도가 있었다. 그 시절 태권도를 배운 사람은 날리고 다녔다. 나는 아무것도 끌리는 것이 없었다. 그러던 어느 날 '합기도' 라는 호신술을 알게 되었다. 기본은 공격이 아니고 방어다. 이 얼마나 좋은 이론인가. 나 살면서 남에게 피해 줄 일이 없으니까. 때에 따라서는 도망쳐라. 도망치지 못하면 맞는다. 맞을(죽을) 바에는 도망이다. 도망은 다음을 기약할 수 있는 마지막 수(手)이다. 이 매력적인 호신술, 합기도장에서 일이 년 뒹굴어 유단자가 됐다.

그해 말 동네 벗들과 해병으로 지원하여 합격하고, 진해 해병훈련소 선서하고 훈련에 들어갔다. 첫 식사 시간 '감사히 먹겠습니다!' 하고 입주머니에 밥을 눌러 담는데 '식사 끝!' 한다. 미적거리는 훈병은 빠따가 춤을 춘다. 지금 생각하면 밥시간이 5분이 못 되지 않나.

그날 밤, 정신교육시간 王(왕)자 식당 도깨비저녁을

먹고 강당으로 모였다. 차렷(부동)자세에서 몇십 분이 지났을까. 조그마하고 다기지게 생긴 2소대 조교가 '가운데 너 나와! 나오란 말 안 들리나!' 어떤 놈이야 도대체 그걸 못 참고. 어어—나라고. 나는 교단 앞으로 뛰어나갔다. 우향우 자세에서 고개를 꺾었다. 단 위 조교 손에 공병곡괭이 자루가 세 번 왼쪽 어깨죽지를 바람을 째고 내려쳤다. 살이 찢어지는 고통! 팬티에 오줌도 싸고. 정신교육은 그것으로 끝났다.

다음 날, X레이 직찰 결과가 안 좋다며 군복을 뺏고 사복으로 입혀, 들어갈 때는 정문으로 나올 때는 후문으로 빠져나와, 두드리면 목탁 소리 나는 빡빡 대가리로 덜컹거리는 완행열차에 실려졌다.

50년이 지난 일이지만, 그날 밤 부동자세에서 나는 움직이지 않았다!

다음 해 육군으로 영장이 나왔고. 신체검사장에서 군의관이,

"군 면제!"

수백 명 신검 중 단 한 명. 모두들 한없는 부러움에 와아— 환호한다.

"저— 군의관님……."

해병에서 치욕 다시 당할 수 없기에 팬티고무줄 구멍에 숨겨둔 세 개의 산호파이프가 위력을 발휘했다. '훈련에 아무런 문제없음' 도장이 꽝 찍혀졌다.

논산을 거쳐 강원도 산골짝 가도 가도 산산산 산산산… DMZ 생활은 환상 바로 그것이었다. 우선 배고

픔이 해결됐다.

논산훈련소에서는 고대하던 일요일, 두부처럼 생긴 마가린 한 덩이에 좋아하는 빵 다섯을 배불리 먹었다. 그날 밤 나도 몰래 설사를 했는데 불침번은 꾸벅꾸벅 졸리면 일어서서 서성거리고 방법이 없다. 뜬눈으로 그 꿀 같은 잠도 못 자고 기상시간 전에 일어났다. 냄새가 없어 다행이라 참았는데 팬티가 바싹 마르고 냄새 흔적도 없다. 그 후부터 마가린은 조금씩만 먹었다.

DMZ 근무는 6개월이면 해바로 내려가야 한다. 이승만은 백범(白凡)을 견제하기 위해 독립군을 제치고 친일파 처단에 덜덜하던 일본군 출신을 군경에 포진함으로 그들 충성을 받을 수 있었다. 일본군 기압 문화가 국군에 전수하게 된 동기이다. 그곳은 같이 고생하는 사병들이지만, PX에 막걸리가 온 날이면 선임은 후임을 군번 순으로 세우고 군기 빠졌다고 빠따가 춤을 춘다. 그뿐인가 훈련과 작업 배고픔으로 하루를 채워야 했고. 메뉴에 소고기 나오는 날은 중대장까지는 상납이고, 초보 장교 소대장 상사 중사 영외 거주자들은 사냥고기처럼 챙기고 나면. 사병들은 황소가 장화 신고 들어갔다 나온 국을 먹고 고향으로 긴 편지를 쓴다. 어머님 아버님 불효자식은 경제대통령 덕분에 쇠고기 국을 배 터지게 먹고 낮잠에서 깨어나 고향 생각에 이 편지를 씁니다.

군대는 사병은 소모품이고 장교들의 일터였다. ×사단 ×연대 3대대 8중대 우리 화기 소대는 남방한계선인 철책을 넘어 군사분계선 직전에 위치한 ×부대 단 하나뿐인 5××GP 지기이다. 정면에는 김일성이 대한민국 장교 군번 한 트럭을 줘도 바꿀 수 없다는 오성산이 안정된 자세로 앉아 있다. 대위 곽 중대장은 월남에서 막 돌아와 소령 진급을 해야 했다. 장교들은 인생 목표가 진급이고 사병들은 제대다. 진급에 지름길 중 하나는 간첩을 잡는 것. 우리 부대는 올빼미(야간조)와 뻐꾸기(주간조)를 키우고 있었다. 이북 애들은 낮밤 가리지 않고 예기치 못할 때 5, 6명 침투조가 군사분계선을 넘어와 초소를 공격하곤 넘어간다. 얼마 전 대통령 투표도 중대본부에서 다 알아서 했고, 말 잘못 했다간 자살했다고 통지서가 고향으로 갈지도 몰라 그저 모른 척.

그날은 뻐꾸기를 날리기로 했다. 나는 일직부터 P10무전기를 열었다. 중대본부에서도 허 상병이 벌써부터 기다리고 있었다. 조심해야 했다. 얼마 전에는 무전이 잘 안 통하자 '죽여뻴라' 중대장 입에 달고 다니는 용어를 쓰는 것 같더니 소대장 얼굴이 일그러졌다. 'S병장 어쩌지 중대장님이 내려 보내라는데' 죽었다. 딱 한 가지 방법. 그날 점심은 새로 보충받은 일병에게 줘 버리고 기다리는데. 소대장이 긴 통화를 한다. 통신병을 내려 보내려면 일개 분대를 딸려 보내야 하는데 병력이 빠져 버리면 야간 경비에… 하여. 소대장이 나를 살렸다. 훗날 생각하면 식은땀이 났다. 맞아 죽던지, 어떤 신호로 적에게 정보를 줬다는 죄목을 걸고 쏴 버릴 수도 있고. 아니면

GP에서 도망치는 걸 근무에 충실하던 사병이 사살할 수도 있다.

곽 중대장은 적이 움직한 루트에 수류탄을 매설하기로 했다. 기술병장 셋, 감시전문 셋, 사역병 셋, 무전병 허 상병도 빼꾸기가 되어 현 상황을 전해오고 있었고, GP장 김 소위는 나 옆에서 쌍안경으로 좌표와 빼꾸기 위치를 짚어 본다. 아침 어스름에 현장에 도착 작업을 시작했었다. 기술병장 셋은 수류탄 안전핀을 뽑고 두 가닥 중 하나를 절단 다시 제 구멍에 원위치시키고 나무와 나무 지형지물에 묶고 고리와 고리 사이는 눈에 잘 안 띄는 인계철선으로 연결하면 끝이다. 건드리면 안전핀이 빠지고 폭발하는 방법이다. 해가 서편에 기울 즈음 가져온 수류탄이 바닥나고, 이젠 '철수' 라는 중대장의 신호가 떨어지고 돌아서는 그 군화 뒤꿈치에 철선이 걸리는 것을 기술병장 우병장이 분명히 보았고 '엎드려!' 딱! 소리와 동시 중대장 손이 안전핀을 잡았고 딱! 반대편 수류탄도 공이를 쳤다. 꽈꽝! 꽈꽝! 두 개의 수류탄이 터진 것

은 동시였다.

며칠 후 사단본부에는 수류탄 매설 중 부하가 놓친 수류탄에 덮쳐 부하들을 살리고 장렬히 산화한, 일계급 특진에 중대장 소령 곽××라는 동상이 세워졌다. 수류탄을 놓쳤다는 한 상병은 사단 영창으로 직행하고.

2. 대한민국

후회스럽다.

지금 생각하면, 내가 다시 20대 후반으로 돌아간다면 군대는 안 간다. 장교로 출세를 위해 먹고살기 위한 직장이라면 모를까. 내가 3년 가까이 살다 온 그곳은 전우애나 우정, 진실, 아무것도 없었다. 배운 것이 있다면 모자란 물품을 보충하기 위해 도둑질. 어쩌다 잘못 걸리면 인간으로선 예기치 못한 저주를 당할 수도 있었다. 지금 보라. 군대 안 갔다 와도 국회의원도 되고 검 · 판사 장관도 된다. 내 말에 올가미를 걸까봐 인데 국방임무를 아니하겠다는 것이 아니다. 합법적으로 빠질 수 있으면 빠지겠다는 말이다.

우리나라에서는 크게 출세하려면 어느 땅 위에 사람이냐. 물론 같은 조건이라면 이 아니다. 자기 땅 사람은 과거 친일을 했든 좌익을 했든 쿠데타 독재를 해도 영웅이다. 일생 동지끼리, 내가 아니면 차라리…… 그런 사람도 대통령 되는 나라. 출세라면 나라가 망해도 좋은 나라. 대한민국에서 독립운동가 가족들 잘 사는 사람 누구일까. 나 생각은, 일본군들도 죽이지 못한 대한민국 임시정부 주석 김구. 초대 대통령 이승만이가 죽였다. 장준하는 누가 죽였나. 아는 사람은 다 안다. 친친일파 중 한 사람…….

영구차가 언제 올지 대기 중인 모양인데 한마디 더 하련다.

김일성(김정은) 정부는 믿어선 안 된다. 침범한다면 일침을 했어야지 왜 동족인 남침을 하는가. 그들은 필요시에는 다 써먹고 가차 없이 제거해 버린다. 우리는 줄만큼 주었다. 김정은은 핵으로 응답했다. 적십자에서 각 가정으로 원조가 된다면 모를까. 사람이라면 한 번은 속을 수 있다. 두 번 속으면 무능이다.

절대 이웃 할 수 없는 나라는 일본이다. 그들은 개인적으로는 좋은 사람들이고 예의 바른 국민이다. 하지만 둘이 모이면 돌덩이가 된다. 일본은 역사도 소설이다. 신도 만든다. 반성을 모른다. 껌을 하나 샀을 때 다섯 번 절하면 지들 똥구멍은 다섯 번 높이 오른다고 한다. 절 받는다고 좋아만 할 것이 아니다. 독일은 지금도 전범들을 찾아 법정에 세우는데, 일본은 전범을 신으로 받들어 모신다. 작은 거짓은 안 하지만 큰 거짓에는 목숨을 바친다. 잘못을 인정하라고 구걸하지 말자. 진실 없는 반성은 독이 되어 돌아온다. 일본에게도 배울 점이 있다. 태평양 전쟁이 끝나고 하나로 뭉쳤다. 분단이 된다면 그들이 갈랐어야 되는데 말이다. 그것이 일본의 강점이고 본받

아야 될 것이다.

이조 오백 년 이 조국에도 애국장군들이 있었지만 강대국이 피 안 흘리고 작전을 걸면 우리끼리 역적으로 몰아 죽이지 않았나. 6·25, 광주사태, 제주 4·3 사건. 박정희는 우리도 한 번 잘 살아 보자고 산아 제한, 식구를 줄이고 남은 사람만 잘 먹고 잘 살자고. 오뎅처럼 토막 내서 꺼내버리고 이제는 일할 일꾼 없어 외국인들 들여오고. 아내들도 모셔 오다 보니 자랑하던 단일족은 사라지고 우스꽝스런 얼굴의 민족으로 변해가고 있다. 나 아직 어린 시절, 학교라곤 구경도 못한 어머니는 말했다. 새끼들은 지 먹을 것은 지고 나온다고.

지식은 차고 넘친다. 잘못을 잘못이라고 말하는 지성(知性)은 없다. 지성은 간첩이 되거나 자살을 하거나 교통사고, 의문사하기 마련이다. 불행히도 인텔리 교육을 받은 자들은 그런 기회에 한자리하는 데는 마다하지 않는다. 정치는 백 년을 내다보는 것이다. 대한민국은 국토가 작다. 핵 한두 개이면 폭삭해 버린다. 인구도 적다. 한심한 일이다. 초등학교 시절. 우리의 소원은 통일이라 했다. 절대 무력통일이어선 안 된다. 저 중국이 있는 한. 중국 땅 한구석에 숨어 미사일이나 빵빵 쪼아 댄다면……. 북한 내분에 의한 통일이어야 한다.

중국을 의지할 수는 없는 일. 중국은 북한 6·25 남침을 돕고 대한민국의 상징인 백두산 절반을 가져간 것으로 알고 있다. 가만히 있었으면 백두라도 오고생이(온전히) 지킬 것이지. 도대체 권력이 뭐길래. 팔십도 못 채우는 인생, 형까지 죽이고, 마음에 없는 충성을 받으면서 그것이 삶의 전부가 아니란 걸 왜 모를까. 그런 권력 내 친구 시 한 편에 바꾸자 할까 두렵다.

그래도 미국은 우리를 돕고 대가로 땅을 가져가진 않았다. 불만이 없는 것도 아니다. 미국은 친미이기만 하면 독재도 용납하는 정책으로 얼마나 많은 자국의 국력을 소모했나. 월남, 쿠바, 대한민국도 포함해야 하지 않을까. 미국은 그 나라의 정부는 도우면서 그 국민은 외면했다. 정권은 바뀌지만 국민은 바뀔 수가 없는 것이다. 제주 4 · 3사건도 故 김익렬 장군이 평화적으로 맺어놓은 것을 미군정 경무부장 조병옥이 유창한 영어로 미군정을 설득해 초토화 작전을 밀어붙였다. 제주 4 · 3, 박정희 쿠데타, 전두환의 광주사태, 대한민국 국군이 대한민국 국민을 죽였다.

우리는 자주국방이 안 되는 약소국이다. 그러기에 미국의 도움이 필요하다. 이조 오백 년 중국은 어떠하였나, 재물과 여인들까지 꽃단장하고 상납하지 않았나. 국민을 보호해야 될 권력은 정적이라면 자국민은 쉽게 쳐 죽인다. 이씨 조선부터 지금까지 주변 나라나 강대국에겐 발바르 기면서도 우리 국민들에게는 강했다. 미군들이 간혹 사건을 일으킬 때가 있다. 그것이 미국의 전부가 아니란 걸 알자. 입장을 바꿔보자. 우리가 월남에 파병한 적 있다. 잘 싸웠다. 아니 그것이 전부가 아니다. 점령군들이 어쨌을까. 그곳에는 아가

씨들 있었고 유부녀와 어머니들도 있었다. 그 무슨 사건들이 있었는데! 분명 사건들이 있었는데! 사건을 밝힐 입이 없다.

여기까지만 말하련다…….

추신 : 해방 후, 미국은 게이샤의 옴작거리는 사타구니 속 꿈같은 여행에 빠져 진주만도 잊고, 살아 있는 신도 정리 못 하고, 지금은 왕창 돕고 있지만 군사력이 증강되고 1941년 이전 상태가 되면 일본은 다시 미국을 칠 것이다.

참고 서적 : 제2차세계대전실록(중앙문화사)
4 · 3은 말한다(전예원)
부록. 김익렬장군실록유고-4 · 3의 진실

일본에서 고향 서귀포로 돌아온 우리 가족은 윗마을 굴왓에서 살았다.

1948년 4월 3일 4 · 3사건이 터졌다. 여기서 잊지 말아야 할 것은 6 · 25 전이라는 것이다. 해방이 되고 고향으로 돌아온 일본 유학생들이 해방된 조국에 정의로운 사회를 추구하고 있었다. 지금은 좌익, 우익 하는데 그때 감정들은 공산주의니 민주니 하는 사상적인 대립은 없었다. 제주 4 · 3에 조병옥. 그는 독립운동 출신들 군 경찰 등용을 반대하고, 일본 경찰 출신으로 군 경찰을 장악하여 제주도민 90퍼센트가 좌익이라며 초토화 작전을 감행한 인물이다.

1947년 3월 1일 '3 · 1절 28주년 기념 제주대회' 에서 기마 경관이 어린이를 친 사건이 발생하고 이를 항의하는 군중에게 경찰은 총을 발포하여, 다음 해 비극의 4 · 3사건으로 넘어가는 길목이 된다. 윗마을 사람들은 내려오라는 소개명령이 떨어졌지만 집도 막사리도 없는데 내려가면 어쩌란 말인가. 밤이면 죽창(외부 도움 없는 불복봉기이기에 무기는 죽창이 전부임) 든 산사람들이 산으로 올라오라, 낮이면 경찰들이 내려오라 하고 이리저리 견디다 못한 우리 가족은 내려가기로 한다.

외삼촌이 서귀포 동 동네 살기에 우리 가족은 나무집을 뜯어 내려와 삼촌네 밭에 다시 지었다. 그곳에서 서귀국민학교 6년. 나는 졸업도 못 하고 죽는 줄 알았다. 5~6학년 동안 담임은 음악 선생인, 고영× 선생인데 한 반이 60명이고 그중 지 마음(공부도 잘하고)에 드는 네댓 명을 제외한 나머지는 잘 때리고 잘 맞았다. 그중에도 누구와 누구는 단 하루도 안 맞고 교문을 나온 날이 없었다. 내보기엔 맞을 만한 잘못은 하나도 없는데 말이다. 졸업하고 성인이 된 후 누구는 '선생님 선생님~' 하고 따르는 것을 보고 또 한 번 놀랐다. 변태인가.

솔직히 말해 공부 잘해야 훌륭한 사람 되는 줄 난 몰랐다. 선생을 제외하고는. 이순신 장군도 싸움만 잘해서 장군 된 줄 알았다. 나는 좀 멍청했다. 아니다! '좀' 을 뺀 멍청했던 것이 맞다. '수, 우, 미, 양, 가' 중에서 '미' 다. 정확히는 '미' 에 실수하면 '양' 이 하나 있을 수가 있고 수도 하나 있었다. 그게 나다.

중학교는 2년 늦게 들어갔는데 친구 동생들과 같은 책상에 앉는다는 것은 그건 정말 못할 일이다. 개미떼처럼 달려드는데 집에 와도 잠도 못 자고 어쩌다 잠들면 정방폭포에 떨어지는 꿈에 온몸이 흠뻑 젖는다. 학교가 다 불타버렸으면 했지만 다음 날이면 멀쩡히 제자리에서 나를 절망케 했었다. 교과서 제대로 사본 적 없다. 초등학교에 다닐 때도 12색 크레용은 두 번인가 산 것 같다. 수학여행은 한 번도 가 본 적 없고.

'졸업' 보다는 '중퇴' 라는 말이 더 매력적 느낌으로 왔다.

졸업을 앞두고 밀린 납부금을 못 냈다. 서예가이신 담임은 졸업해버리면 받을 수 없기에. 나는 벌로 변소 청소만 했었다.

샛형은 고등학교를 수석으로 졸업했다. 국립대지만 50년대라 밭을 팔았는데 한 학기 납부금 내고 나니 남는 돈이 없고. 어머니는 샛형 4년제 대학을 등짐장사로 마치고 돌아서니 다 늙어 있었다.

배움에 대하여. 인생 가장 어려운 고민을 해야 했다. 강의록으로라도 할까. 여러 날들 울고 기도하며 만들고 부수고 하다 내린 결론은 최종학력, 시인!

1960년대 서귀포에는 소설가 오성찬 시인 강우성 시인 박성혼 중고등학교 교사 강태국 선생 그 밑에 시인 김용길 문학청년 가가기(강갑길) 박정석 윤상영 이런 친구들과 선배들이 있었다. 이외에도 있겠지만, 나 주위에 교류라 할 순 없고, 만나면 말을 하고 다니는 분들을 얘기하는 것이다. 문학을 하는 사람들은 기본으로 술 담배를 잘해야 영감이 떠오른다고 말했다. 나는 술 담배 못한다. 아니 안 한다. 내가 태어나서 보니 아버지는 술바다에서 푸아푸아 헤엄치고 있었다. 나는 일생 술 담배는 안 하기로 했다.

문학하는 친구들 옆에서 기웃대며 나 시(詩)를 쓰리라 마음먹었지만, 그건 나만의 비밀 창고에 넣고 자물쇠로 꽉 잠갔다.

군 생활 3년 정도를 몽땅 DMZ에서 재미있게(?) 보내고. '아 더 메 치 유' 다섯 글자-아니꼽다-더럽다-메스껍다-치사하다-유치하다-를 돌려쓰고, 삐딱모자로 제대특명을 가슴에 품고 고향 서귀포로 돌아왔다. 반기는 아가씨는 없고, 약간 외로웠지만 뭐 그러리라. 서귀포는 활발하게 돌아가고 있었다.

감귤과수원 붐이 일어 바닷가 가까운 밭이나 자연적으로 북쪽 지형이 높아 북풍을 막아준다면 최적지가 된다. 아니 그런 밭이 얼마나 되는가. 땅이 있는 사람들은 바람이 심한 밭에는 바람막이로 숙대낭(삼나무)을 두 줄로 심고 저장성이 좋아 구정까지도 여유롭게 팔 수 있는 만생 온주로 과수원을 이루어 가기 시작했다. 옆집 창남형은 군청 공무원을 때려치우고, 제대할 때 두 개의 더블빽에 가지고 온 탱자씨로 귤 묘목을 생산하며 살맛나게 과수원으로 출퇴근한다. 나의 8촌 종민 형은 그 많은 밭들을 첫째 형이 다 먹고 귤나무 하나 심을 땅이 없자 공무원이라도 해서 밥 먹겠다고, 어디 서귀포에서 기죽어 살겠냐 제주시로 넘어가더니 시험에 합격하고 착하고 이쁜 형수 만나 행복해 한다.

신랑 조건 일순위는 묻지 말라 과수원집 아들이고 선생, 공무원 순으로 나아갔다.

나도, 나 몫 땅 1300평 과수원이다.

그런데 문제가 있었다. 큰형은 우리 집의 전 재산에서, 우선 좋은 밭으로 두 개, 소와 마차 집을 가지고 나니 나머진 쭈그렁 밭 한 개만 남았다. 제주대 국문과 재학 중인 샛형과 나 몫인데, 샛형은 돈이 될 만한 곳으로 절반을 팔아 한 학기 납부금을 내고 나니 방 빌릴 돈이 없어 쩔쩔맸다.

큰형은 소리 없는 똥내처럼 조용조용 화투사업도 하면서 다 말아 잡수시고, 빈털터리로 담배 연기 자욱

한 명화놀이에 구경꾼으로 따라다니고 있었다. 이젠 기회만 보면서 나 몫에 관심이 많았다.

나 밭은 누룩빌레(검은 푸석푸석한 돌밭) 동산이고 농사가 안 되는 가시덤불로 덮인 땅이다. 나는 과수원을 만들기로 했다. 옆집에 사는 창숙이도 아무도 손 못 대는 아카시아 밭을 과수원 한다고 개간하고 있잖은가. 그도 막내여서 참 한편으론 막내는 서럽다.

우선 정을 묻어야 했다. 서귀포 동홍동에 위치한 서편으로 기운 고근산이 정면으로 마주보는 바람코쟁이, 이곳을 '고풍애(高風愛) 동산'이라 이름 줬다. 있는 건 건강과 턱걸이 잘하는 팔 힘, 그 손에 곡괭이 하나, 삽 한 자루, 징 서너 개와 돌망치 및 해머 한 자루.

연장들이 땀에 닳아진다. 점심이 없기에 반나절씩만 하기로 했다. 남긴 반은 내일을 위해 몸 추스르고. 일 년이 다하고 돌아보니 절반이다. 신났다. 다음 해 여름 한낮 날씨가 갑자기 어두워지더니 벼락이라도 칠까 서둘러 마친다는 게 눈이 번쩍 핏빛이다. 발이 오그라드는 고통에, 곡괭이가 오른쪽 엄지발가락을 꿰고 암반에. —얼마 후 파상풍으로 엄지를 절단했다.—

큰형이 나의 벗들에게 이상한 소리를 하고 다닌다. 예상했던 일이었다. 아버지는 내가 군 영장 받고 입대 날을 얼마 남기고 돌아가셨고.

"어머니! 나 밭 팔아서 돈으로 줍서."

팔면 백만 원(9급 지방행정서기 월 9,800원) 정도 받을 수 있다. 나중에 돈으로 돌리면 난 재산을 안 받은 것이 된다. 지금 백만 원이면 천 평을 살 수 있고 천 평 과수원 2, 3년 수확하면 일백은 모을 수 있다.

"안 된다! 어떻게 조상땅을 파느냐."

"그 땅 내가 가지면 두고두고 말썽이고, 파는 게 지키는 겁니다. 아니면 내가 사는 걸로 계약서를 씁서. 그럼 내가 지킵니다."

"안된덴 했저. 복잡허게 어지럽게 허지 말라."

"어머니, 여러 번 얘기합니다만 어머니가 내 말 들어주민 나도 어머니 말 들어주고 안 들어주민 나도 어머니 말 안 듭니다."

모자의 말은 이렇게 끝났다. 사실 고풍애 동산 소유권은 아버지가 아닌 돌아간 지 오랜 할아버지로 돼 있다. 그 시절은 조상님이 한번 몫을 정해버리면 서류 그 무엇도 불문에 부친다. 우선. 어머니는 내 말은 안 들어줘도 차마 '그럴 리야' 하며 큰형은 마지막까지 믿었다.

만으로 꼬박 2년이 걸려 개간이 끝나고, 3년째인 다음 해 정식 들어가야 했다. 밀감묘목 구하기가 운전면허시험보다도 어려웠다. 다행히 이웃 형이 묘목을 생산하기에, 더러는 사고 지금까지 형 과수원 소독할 때 수동식 고압분무기를 소독 때마다 펌프질 해주고, 그 삯을 귤나무 묘목으로 가져올 수 있었다. 이건 신품종, 저건 파치(비상품)지만 심어 거름 잘하면 같이 열매 본다며 얹어준 덕분에 1300평 과수원이 만들어졌다. 삽을 땅에 박고, 고근산 지는 노을에게 가슴을 치며 부르짖었다.

"나도 과수원총각이다—!"

가을엔 결혼도 하기로 했다.

친구 가가기(강갑길)가 소개해준 가톨릭 신자, 초등학교 동창동생 '모' 양이다. 종교가 나와 다르지만 같은 기독교(지금은 나 가톨릭, 그땐 신교)니까.

어느 날 큰형이 이전비 주면 나 이름으로 이전해 주겠다 했고. 샛형은 잘 됐다며, '한 만 원 줘버리라 먹게.' 한다. 나 결혼 준비로 키우던 돼지 팔고, 쿰었던(보관했던) 3천을 보태 1만 8천 원을 드렸다.

얼마 후 결혼 준비로 군청을 지나다 등기부등본을 떼보니 고풍애 동산 소유는 나 오인수(개명 전 이름)가 아닌 큰형 오인×로 돼 있었다.

초가을 어느 날 허수아비가 과수원에 있는데 '모' 양의 아버님(경찰 출신)이 왔다. 딸 보내기 전 한번 만나러 오리라 예상했었다.

"과수원은 잘 만들아 놓았고만, 소유권은 자네 이름이 맞고?"

알고 있었다. 무슨 말을 해야 한다는 것을. 하느님은 10가지 계명에 거짓말을 하지 말라 했다.

다음 달 '모' 양은 부모 손에 끌려 호주로 이민을 갔다.

소설작법 소설집 사양치 않고 사들여 읽으면서 강

좌를 찾아다녔다. 20명 수강인원 중 10명도 채우지 못해 번번이 소설은 없었다. 어느 날 헤아리니 60이 넘어 있었다. 안 되겠다 수필이라도 수강하면서 문학동네에서 놀다 보면, 하여 제주대학교 평생교육원 수필의 권위자 안성수 교수의 강좌에 단 하루도 지각이나 빠짐없이 3년 눈 맞추어 『현대수필』 수필 신인상으로 등단했다.

이제 다시 소설을 찾아 헤매야 했다. 나이를 보니 70이다.

도덕적인 것은 문학이 아니라고들 한다. 잃어버린 자아(自我)를 찾는 과정이 문학이라고. 나는 그 말에 동의하지 않는다. 유식함도 철학적도 고상함도 잠시 놓고 자아의 정점은 섹스. 섹스의 해방은 자아. 그 잃어버린 자아를 찾는 장면을 얼마 전 본 적이 있다. 서귀포 올레길 정방 공원에 주인 따라 왔던 우람한 숫 마리노이즈와 하얀 진돗개가 뒷다리는 허공에 들린 체 께게갱깽께게갱깽 궁둥이를 부비며 이리저리로 당김질 한다. 운동하던 사람들의 박수 속에. 남자 '아파요~' 여사님 '아! 아니에요, 좋아서요'

나는 일부(夫) 일처(妻)를 이상(理想)으로 한다.

상대에게 순결을 바란다면 자신도 동정이어야 한다.

서정시인(抒情詩人)은 천사의 도덕성을 가진다.

도덕을 광범하게 보고, 가장 도덕적인 것이 문학이다.

문학은 독자에게 재미 평화와 안식 사랑을 주는 것이다.

신춘에도 기웃거렸다. 허탕이다. 당선작을 읽으니 이것이 뭔가. 이게 소설인가. 시인가. 개가 사람 탈을 썼다고 사람인가. 이전에도 문화원에 들러 시에 대한 교육도 받았다. 시가 왜 이리 말이 많은가. 결론은, 무슨 말인지 몰라도 당신 말이 옳습니다. 내가 시를 쓴다면 당신네 집 개가 되리라.

탐라도서관에서 시인 김광렬의 시 강좌에, 혹시 누가 버린 명문장이라도 있나 하여 기웃거렸다. 10주 동안 시를 접해보니 그렇게 거부감이 없었다. 내용도 어디서와는 달리 소통이고, 서정시라는 것도 좋았다. 2014년은 그리 그리 넘기고, 2015년 봄 다시 만나길 바랐는데 나기철 시인이었다.

서정시란, 자신이 감정과 정서를 노래하는 것, 에 마음이 움직이기 시작했다. 10강 중 3강, 시가 나를 데리고 우주 여행길에 올랐다. 은하강에 쪽배 타고 얼마를 갔을까. 카시오페이아 왕궁에 들러 블랙 한 잔 하고, 73년 걸어 북두칠성이네 집에 가보니, 칠성이는 개를 데리고 사냥을 갔고, 그 부인 안드로메다만 저녁 준비를 하다 반가이 맞는다. 전에는 이디오피아의 공주였는데, 왕비이고 엄마인 카시오페이아가 그렇게 말리는데도 바람질 하다가 당대 영웅이자 남편인 페르세우스에게 정부는 단칼에 목이 잘려 은하강에 던져지고, 안드로메다에게는 딴 놈 ㅈ닦기 하던 샘 구역질 나게 머리 박을 수 있나. 친정으로 쫓겨 왔지만, 아빠 케페우스 왕은 집지기 개 오르미를 풀어놓아 왕궁 근처에 가보지도 못하고, 은하 강물에 떠내려 온

통나무에 앉자 730년 동안 떠내려가는 걸 사냥꾼 북두에 사는 칠성이가 구했다. 안드로메다는 속죄하는 마음으로 본 남편 페르세우스의 행복을, 아빠 케페우스 왕, 엄마 카시오페이아 왕비의 건강을 하느님께 빌며, 그렇게 살고 있었다.

문학 항해하면서 소설, 시나리오, 수필 기웃거린 나의 문학 모든 과정은 오직 '시'를 위한 것.

마지막 남은 붉은 물감을 고근산(본 서귀포 서편 오름)에 뿌릴 때 2015년 10월 24일 계간 『시세계』의 천우, 나 손잡고 『시세계』 신인상으로 시 등단.

시인 되는 데 71년 걸렸다.

*2017년 월간 『문학세계』 5월호 글 다듬다.

문학세계대표작가선 835

바람공쟁이

산억수 제1시집

인쇄 1판 1쇄 2018년 1월 3일
발행 1판 1쇄 2018년 1월 10일

지 은 이 : 산억수
펴 낸 이 : 김천우
펴 낸 곳 : 도서출판 천우
등 록 : 1992. 2. 15. 제1-1307호
주 소 : 서울시 성동구 무학봉28길 6 금용빌딩 2F
전 화 : 02)2298-7661
팩 스 : 02)2298-7665
http://moonhak.wla.or.kr
E-mail : chunwo@hanmail.net

값 15,000원

ISBN 978-89-7954-700-9

이 도서의 국립중앙도서관 출판예정도서목록(CIP)은 서지정보유통지원시스템 홈페이지(http://seoji.nl.go.kr)와 국가자료공동목록시스템(http://www.nl.go.kr/kolisnet)에서 이용하실 수 있습니다. (CIP제어번호: CIP2017034006)